L∴ LA JUSTICE

FONDÉE A L'OR∴ DE PARIS LE 11 MAI 5880

MŒURS
DES
ARABES D'ALGÉRIE

CONFÉRENCE FAITE

Par le F∴ Gabriel COLIN

Avocat, Membre actif de la L∴

PARIS

IMPRIMERIE ALEXANDRE PICHON

21 BOULEVARD DE SÉBASTOPOL, 21

1893

MŒURS

DES

ARABES D'ALGÉRIE

TT.·. CC.·. FF.·.

Je ne veux point commencer cet entretien sans remercier notre T.·. C.·. Vén.·. de l'honneur qu'il m'a fait en m'invitant à parler devant vous des mœurs des musulmans algériens. La question me parait attrayante à plus d'un titre ; elle touche de près nos intérêts coloniaux, car c'est souvent de la connaissance du peuple vaincu que dépend l'avenir d'un pays conquis. Mais en raison de l'importance que pourrait prendre le sujet dont nous nous occupons ce soir, si nous voulions l'examiner sous toutes ses faces, je vous demanderai la permission de vous présenter les choses par leur côté pittoresque plutôt que scientifique et d'éviter ainsi les interminables discussions des théoriciens. Au surplus, mon exposé n'a aucune prétention littéraire èt ne saurait, sans quelque ambition, conserver le titre de « conférence » qui lui a été décerné avec tant de bienveillance par la pl.·. de notre tenue ; ce sera, si vous le voulez bien, mes FF.·., une simple causerie pour laquelle j'aurai besoin de toute votre indulgence.

La complexité du sujet n'est pas aussi redoutable que vous pourriez le supposer. En Europe, les mœurs varient avec les classes sociales et se prêtent malaisément à des tableaux d'ensemble. Mais la vie des Arabes offre un spectacle si uniforme, si

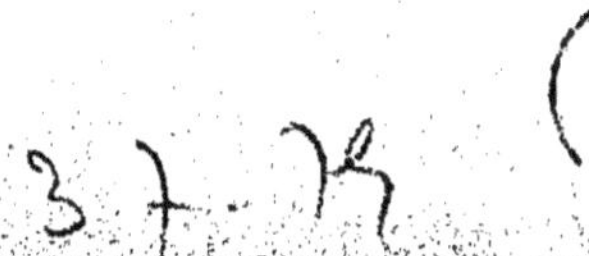

complètement indépendant de la caste à laquelle l'individu appartient, que l'on peut, ici mieux que partout ailleurs, juger de tous d'après un seul. Nous prendrons donc le musulman à sa naissance et nous l'accompagnerons dans les diverses étapes de son existence.

Si la diversité des situations sociales n'apporte, pour ainsi dire, aucune différence dans les conditions d'existence de chacun, il est une distinction qui sépare de bonne heure en deux groupes la société arabe : dans les nations européennes, la femme vit aux cotés de l'homme et à peu près comme lui (si nous faisons abstraction, bien entendu, des modes qui concernent le costume et que le mélange habituel des sexes a rendues nécessaires). Chez les musulmans, au contraire, la séparation la plus rigoureuse est imposée par les mœurs antéislamiques. A l'époque de Mahomet, les Arabes pauvres avaient coutume d'enterrer vivantes les filles que leur donnaient leurs nombreuses femmes ; ils voulaient ainsi épargner à toute la famille la honte dont aurait pu la couvrir plus tard l'inconduite d'une fille indigente, obligée de se vendre pour subsister. Le prophète s'éleva contre cet usage barbare et réussit à le déraciner. Depuis Mahomet, on n'enterre plus les filles, mais leur naissance cause toujours dans la famille une certaine tristesse, tandis qu'un garçon, en venant au monde, apporte avec lui la joie dans toute la tribu : on monte à cheval et on tire des coups de feu en son honneur. Ainsi, dès son entrée dans la vie, la femme est traitée en être inférieur; pendant que le garçon est fêté, choyé, on fait le silence sur elle et sa mère rougit presque de lui avoir donné le jour.

Les enfants sont élevés dehors, courant au grand air, à peine vêtus d'une *gandoura* ou longue chemise, qui descend d'abord bien au-dessous des genoux, mais qui, faute d'être renouvelée selon la croissance de son jeune propriétaire, en arrive promptement à ne plus couvrir que la poitrine et le haut du ventre. C'est dans un très simple appareil que filles et garçons s'ébattent joyeusement, les plus pauvres dans le costume d'Adam, les autres sous l'accoutrement peu compliqué que je viens de décrire et auquel la sollicitude des parents particulièrement aisés ajoute parfois une calotte de laine rouge appelée *chachia*. Si vous me demandez pourquoi, en l'absence de tout autre vêtement, la chachia fait déja son apparition sur ces jeunes crânes, si vous cherchez à savoir pour quelle raison la tête d'un musulman est devenue, dans nos idées comme dans nos peintures, inséparable de la calotte rouge, je vous répondrai que cela tient uniquement à ce que Mahomet en portait une. Aussi voyez-vous souvent des musulmans arabes, persans ou turcs qui consentent à adopter nos modes européennes, en gardant toutefois la chachia ou le fez. Ne vous laissez pas prendre à ces apparences : l'homme qui tient à conserver à son costume une telle nuance d'islamisme reste, au fond, musulman convaincu et fanatique ; celui qui adopte notre chapeau est, au contraire, un homme de progrès, capable de se dégager des préjugés de sa race ; et, quelque puéril que puisse paraître ce criterium, on peut souvent, dans l'islam, deviner les dispositions morales d'un homme à la couleur de sa coiffure.

Si modeste que soit le vêtement des enfants, il n'exclut pas le luxe de la bijouterie ; mais c'est une bijouterie qu'on peut appeler prophylactique. Elle sert, en effet, à conjurer les mauvais sorts ; car, vous l'avez deviné, les Arabes si attachés à la tradition ne sauraient se dispenser d'être superstitieux. Ils suspendent au cou des jeunes enfants des plaques d'argent ou de métal blanc découpées en forme de main et désignées sous le nom de *Kef Fatma,* ou main de Fatma : c'est cette même main que l'on voit souvent peinte sur les murs des appartements ou à l'extérieur des maisons arabes ; elle y exerce son influence à la fois protectrice et bienfaisante en écartant le mauvais œil et en attirant la richesse. Dans les familles pauvres, le bijou d'argent est remplacé par une petite boîte en cuir ou en fer blanc contenant un verset du Coran.

Les enfants croissent ainsi, en force plutôt qu'en sagesse, jusqu'au moment où ils atteignent l'époque de la puberté, qui survient à dix ou douze ans pour les filles, à douze ou quatorze ans pour les garçons. Un peu avant cet âge, la fille est retenue à la maison ou dans la tente ; elle n'en sortira qu'à l'époque de son mariage, au moment où, selon les traditions de l'antiquité, le mari viendra l'enlever du domicile paternel pour la transporter chez lui. Cette cérémonie sera l'occasion de fêtes bruyantes dans la tribu, avec musique, coups de feu et festins pantagruéliques ; mais n'y voyez pas la marque d'une sympathie naissante à l'égard de la femme, si dédaignée à son arrivée dans ce monde : ce qu'on fête ici, ce n'est pas la mariée, c'est le mariage, qui va sans doute donner de nouveaux défenseurs à la tribu. Voilà, pour l'instant, le rôle de la fille ; nous verrons ce qu'elle devient plus tard. Songeons au sort du garçon. Nous l'avons laissé avec sa gandoura trop courte : quand il atteint l'âge de cinq ou six ans, il devient nécessaire de lui en mettre une plus longue ; c'est qu'il vient de subir l'opération rituelle de la circoncision.

Peu de temps après cette amputation par laquelle tout musulman doit commencer son instruction religieuse, l'enfant va étudier chez le *mderres* ou instituteur indigène, cet ennemi redoutable de l'enseignement français en Algérie. Là il apprend, suivant l'expression arabe, à « lire » le Coran d'après le procédé que je vais vous exposer. Le *mderres* prépare un certain nombre de planchettes et les enduit d'une pâte argileuse qui blanchit en séchant ; il y inscrit, avec un roseau taillé et une encre spéciale, différents chapitres du Coran, puis il les distribue à ses élèves. Ceux-ci viennent ensuite, à tour de rôle, trouver le maître, qui leur lit le chapitre contenu sur leur planche, verset par verset ; après cette leçon magistrale, l'élève va s'asseoir dans un coin et psalmodie paresseusement les versets qu'on lui a lus, jusqu'à ce qu'ils se gravent dans sa mémoire. La forme générale des mots s'est fixée dans l'œil de l'enfant ; elle lui permet de reconnaître sa planchette au milieu des autres. Quant au texte, il parvient peu-à-peu à le retenir et il associe dans son souvenir les mots qui le composent à la disposition des caractères par lesquels ils sont représentés. Après quelques années de cet intelligent exercice, l'enfant a, comme on dit, « lu » un quart ou un tiers du Coran ; mais en réalité, il ne connait pas encore une seule des lettres de l'alphabet. Or, comme le Coran est écrit en arabe littéral et qu'il est interdit de le traduire en arabe vulgaire, il ne peut ni lire, ni comprendre ce qu'il a appris par cœur sans l'avoir lu. Pourtant, s'il a montré pendant ces premières études des dispositions spéciales, on l'envoie dans une *zaouya*, sorte de monastère dirigé par des marabouts, où on lui enseigne la lecture, l'écriture et les éléments de la grammaire et du calcul ; on continue, de plus, à lui bourrer la cervelle de versets coraniques, toujours en lui interdisant d'y rien comprendre.

Au milieu de ces occupations stériles, le jeune musulman a atteint l'époque de la puberté ; il l'a même un peu dépassée lorsqu'il est allé à la zaouya compléter les enseignements de son premier âge. La puberté marque, dans l'islamisme, le moment où l'enfant, devenu jeune homme, commence à payer la cote personnelle, la capitation ; c'est là un usage que l'autorité française a conservé, en exigeant la *lezma* des indigènes algériens parvenus à cette période de leur développement. Comme les Arabes n'ont pas d'état civil, il est difficile au fisc d'établir ses droits à la perception de cet impôt, l'intéressé ne manquant jamais de prétendre qu'il n'est pas encore pubère. On a parfois alors recours à un procédé d'investigation qui ne manque pas d'originalité et qui, employé en Turquie depuis fort longtemps, a été laissé dans les pays barbaresques par les Osmanlis qui l'y avaient importé. Ce procédé consiste à mettre entre les dents du contribuable douteux les deux extrémités d'une ficelle dont la longueur est égale au double de la circonférence du cou ; la ficelle, étant ainsi retenue, forme une sorte d'anneau que l'on doit faire passer par-dessus la tête du jeune homme ; si l'anneau est trop étroit, celui-ci est impubère ; dans le cas contraire, il est pubère et imposable. C'est là un moyen de recherche assez habile fondé sur cette observation qu'un développement rapide du cou marque toujours l'époque où l'homme acquiert la plénitude de ses facultés physiques.

Pour le jeune musulman, le moment est alors venu de prendre femme. Nous avons vu précédemment à quelles fêtes le mariage donne lieu, mais nous devons remarquer, par complément, que les femmes n'y assistent pas : elles se réunissent à part, dans une tente chez les Arabes nomades, dans un gynécée qu'on leur réserve chez les citadins ou les montagnards. Ainsi la séparation bien marquée que nous avons constatée dès le début entre les sexes persiste en toutes circonstances dans la société musulmane. Les cavaliers de la tribu brûlent force poudre, tout en se livrant, sur leurs chevaux, à des évolutions d'acrobates ; les femmes considèrent ce spectacle vraiment féerique cachées dans la tente où on les a parquées et d'où elles font entendre, de temps en temps des « you you » d'allégresse. Voilà pour les invités, passons aux nouveaux époux.

La femme a été soigneusement gardée dans la maison de son père depuis qu'elle est devenue nubile; c'est que là-bas, sa virginité est un capital. Chez nous, la dot est une somme d'argent ou un bien-fonds que la femme apporte au mari pour subvenir en partie aux frais du ménage ; chez les Arabes, c'est une valeur que l'époux doit livrer au père ou au tuteur de celle qu'il prend pour femme ; on conçoit, dès lors, que le mariage d'une fille est, pour sa famille, une cause d'enrichissement. La valeur vénale de ce bétail féminin varie en raison de la réputation de sagesse qui s'y attache. Une fille de mœurs irréprochables et bien apparentée est fort recherchée dans sa tribu ; les jeunes hommes ne l'ont pas vue ou, du moins, ne l'ont aperçue que tout enfant, alors qu'elle portait encore une gandoura trop courte. Qu'importe ! ils la demanderont en mariage, quittes à se ruiner pour l'acheter. « Épouse une femme de noble race et couche sur une natte », dit un proverbe arabe. On considère l'alliance, non la femme; d'ailleurs, les ancêtres n'ont-ils pas fait de même ? Dès longtemps ce peuple a pris l'habitude d'épouser des femmes qu'il n'a jamais vues et les *Mille et une Nuits* contiennent parfois des histoires très piquantes touchant cette partie des mœurs orientales. On croit avoir conquis une jolie fille et l'on se trouve le soir en présence d'un horrible laideron ; ce serait chez nous l'origine de graves dissentiments dans un ménage ; chez les musulmans, le mal trouve son remède dans l'institution du divorce qu'il est très facile de faire prononcer.

Tout compte fait, le mari tient peu à une beauté durable ; quand une femme a cessé de lui plaire, il la remplace par une autre, plus jeune et plus fraîche, la loi coranique lui en accordant quatre (au-delà de ce nombre, les femmes ne sont plus légitimes, ce sont de simples concubines). Mais une qualité essentielle, c'est la virginité de la nouvelle mariée, ceux qui ont été trompés sur ce point dans leur transaction matrimoniale se contentent de baisser l'oreille si la femme est jolie, de divorcer si elle est laide. Ceux qui ont eu la main plus heureuse s'empressent de donner les preuves de leur bonne fortune avec une simplicité pleine d'impudeur.

La jeune fille est toujours emportée au domicile conjugal par son mari qui vient la chercher à cheval, escorté de ses amis, et la place devant lui sur l'arçon de sa selle. C'est là une cérémonie que l'antiquité connaissait bien et que la Grèce et Rome ont, sans doute, transmise aux Arabes; au reste, une coutume semblable est encore suivie dans certaines contrées de l'Europe orientale, et nous n'avons pas nous-mêmes perdu tout vestige de cet usage. Une mode qui n'a pas entièrement disparu de France n'obligeait-elle pas le nouveau marié à quitter subitement la fête qui réunissait ses amis et sa famille et à emmener avec lui sa femme comme s'il voulait l'arracher brusquement à son entourage ?

Le mariage ainsi consommé n'est d'ailleurs ratifié par aucun acte ; le *qâdi* lui-même, l'unique et universel magistrat de l'Orient musulman, n'est pas nécessaire pour affirmer l'existence et la validité du lien conjugal. Il suffit que les conventions matrimoniales soient passées devant témoins. Mais l'intervention du qâdi est indispensable quand il s'agit de rompre ce lien qu'il n'a pas contribué à former ; dans ce cas, la femme est représentée en justice par son plus proche parent mâle. Le divorce n'a pas besoin d'être, comme chez nous, motivé par des troubles graves dans l'harmonie du ménage : un homme qui, le jour de ses noces, ne trouve pas à son goût la femme qu'il lui a fallu demander en mariage sans la voir, peut fort bien divorcer ; il lui suffit pour cela de prononcer une formule sacramentelle et de laisser écouler un certain délai légal. Il va sans dire qu'une pareille séparation attire à l'époux divorcé la haine de la famille qu'il quitte et qu'il oblige ainsi à lui rembourser la dot par lui payée à son beau-père. Cependant, il ne faudrait pas croire que cette considération arrête souvent les Arabes ; en fait, le divorce a lieu pour les causes les plus futiles autant que pour les motifs les plus graves. Parmi ceux-ci, nous citerons seulement l'adultère et la stérilité. Nous ne dirons rien de l'adultère : il est commun à tous les temps et à tous les pays. Nous remarquerons seulement qu'il est plus rare dans l'islam que dans la chrétienté parce que la séparation des sexes diminue les occasions de défaillance et aussi parce que la femme coupable encourt plus souvent la mort que le divorce. La plupart du temps, le mari se fait justice lui-même et n'est tenu, de ce chef, à aucune réparation. Sans doute l'autorité française punit l'homicide même en pareil cas, lorsqu'il n'y a pas eu flagrant délit ; mais les Arabes, qui tiennent à maintenir chez eux le respect dû au lien conjugal, ne manquent pas de se liguer contre notre justice pour empêcher l'enquête d'aboutir, quand le mari a tué la femme coupable et son complice sur un soupçon plus ou moins justifié. Et puis, chez eux, le besoin de chasser sur le terrain d'autrui se fait sentir moins que partout ailleurs : car le nombre de quatre femmes légitimes fixé par la loi religieuse permet, à peu près en tout temps, au mari de satisfaire ses passions.

La stérilité, avons-nous dit, est une autre cause de divorce, et des plus fréquentes. Le vieux précepte biblique « Croissez et multipliez » que Dieu aurait confié comme un mot d'ordre à Adam et Eve en les plaçant dans le paradis terrestre, a laissé des traces profondes dans l'esprit des Arabes ; ils ont pensé qu'après tout, ce genre de travail n'était pas plus pénible qu'un autre : comme industriels, ils produisent peu, comme cultivateurs, ils ne labourent guère ; tous leurs loisirs sont employés à l'accroissement de la population. Ah ! Ricardo et Malthus seraient mal reçus chez eux avec leurs principes de contrainte morale ! Mais aussi, que les beaux parleurs qui prêchent le mariage et la procréation comme des devoirs moraux et sociaux se gardent bien de les féliciter et de s'appuyer sur leur exemple ; les Arabes leur riraient au nez ; ils répondraient, avec beaucoup de sens pratique qu'ils font des enfants parce que cela leur plaît. En somme, la chose se comprend ; ces gens-là n'ont pas d'autre distraction, et puis, dans un pays où la rente d'Etat est encore inconnue, il faut se créer des soutiens pour sa vieillesse. Car tous les enfants trouveront à vivre et aideront leurs parents d'autant mieux qu'ils seront plus nombreux eux-mêmes. La question sociale, en effet, n'existe pas encore pour ce peuple qui vit sur un territoire beaucoup trop vaste pour lui et où les nouveaux arrivants peuvent compter sur leur place au soleil. Sans doute le séquestre nominatif ou collectif dont l'autorité française a frappé les terres de quelques particuliers ou de certaines tribus, restreint un peu l'étendue des labours indigènes, mais ce n'est là qu'une situation momentanée, résultant des mesures de police répressive que l'insurrection de 1871 ou d'autres désordres locaux nous ont obligés à adopter. Même dans notre esprit, un tel état de choses ne saurait se prolonger au-delà d'un certain nombre d'années; à plus forte raison, dans la pensée des Arabes, doit-il prendre fin dans un bref délai, puisqu'il apparaîtra d'un moment à l'autre un personnage mystérieux appelé *moula'-s-sâa* (c'est-à-dire : le maître de l'heure) par la vertu duquel les chrétiens seront précipités à la mer et l'Algérie sera restituée à la domination musulmane. Car tout est là : la lutte est circonscrite, en dernier ressort, au terrain purement religieux. Le fanatisme est la première maladie dont il nous faut guérir les Arabes si nous voulons seulement risquer une tentative d'assimilation. Pour les indigènes de l'Algérie, tous les Européens quels qu'ils soient, catholiques, protestants, juifs ou libres-penseurs, sont rangés sous la dénomination générique de *Roumi* qui a la prétention de signifier « chrétien », et confondus dans une même haine.

Examinons d[illegible] un peu, si vous le voulez bien, ce qu'est cet obstacle avec lequel il nous faut tant compter dans notre œuvre de colonisation et que nous venons de nommer déja, la religion.

La religion remplit toute la vie du musulman. Les moindres actes de son existence sont inspirés par l'esprit islamique et, le plus souvent, accompagnés d'une formule religieuse. Ainsi on ne commence jamais à manger ou à boire, on ne se met point à mesurer l'orge d'un cheval, on n'ouvre pas ce que le poëte Eschyle appelle « les combats de la couche nuptiale » sans prononcer les paroles sacramentelles « au nom de Dieu ! » C'est encore par cette invocation que débute tout écrit et, en particulier, le premier verset du Coran.

Les pratiques religieuses n'auraient rien de bien exigeant si elles se bornaient à ce cérémonial rudimentaire ; mais là n'est pas tout le devoir d'un musulman. Depuis le lever jusqu'au coucher du soleil, le croyant doit faire cinq prières dont chacune est précédée d'une ablution durant laquelle on prononce encore force formules, car tout là-bas est coulé dans des moules : l'inspiration n'est pour rien dans les exercices de piété. Cette façon de prier a l'immense avantage de dispenser les fidèles de tout effort d'imagination ; à quoi bon s'ingénier à présenter sa supplique à Allah sous cent formes différentes ? Au fond, c'est toujours la même chose qu'on désire de lui : une place dans ce beau paradis décrit par Mahomet, dans ce jardin enchanteur où l'homme pieux est appelé à contempler éternellement la face du « maître des mondes. » Mais ladite face étant, je pense, immuable (puisque c'est là une qualité que les théologiens aussi bien que les philosophes attribuent à la divinité), il était nécessaire de servir aux croyants quelque intermède qui put faire diversion à l'invariable beauté de la face d'Allah. Cet intermède consiste en libations d'un bon lait qui coule à flots à travers les ombrages du paradis. Mais voici venir la grande attraction ! Mahomet qui connaissait son monde et qui savait le vif penchant de ses compatriotes à l'endroit du beau sexe, n'a pas manqué de les allécher en leur promettant la possession de jolies femmes spécialement attachées au service du paradis et qu'on appelle *houris*, belles filles aux yeux noirs qui, malgré la fréquentation intime et journalière des croyants, restent toujours vierges et n'enfantent jamais.

En outre de l'obligation aux cinq prières de chaque jour, tout musulman a le devoir d'assister le vendredi à la lecture du Coran ; cette lecture se fait à la mosquée et est absolument de rigueur dans l'islam. Vous concevez que c'est une façon peu réjouissante de passer son vendredi que d'entendre psalmodier, d'une voix larmoyante, les 114 chapitres du Coran auquel on ne comprend rien. Mais la religion a toujours des accommodements avec le ciel : on se demande même qui pourrait en trouver si elle-même ne jouissait pas de ce privilège. On a donc, avec un peu d'imagination, découvert le moyen d'abréger la torture que le dogme impose aux fidèles ; voici par quel procédé génial. On a divisé le Coran en trente fractions, chaque fraction a été scindée elle-même en deux parties. Le texte tout entier comprend ainsi soixante sections consécutives ; chacune de celles-ci est apprise par un musulman chargé de la réciter à la mosquée et désigné à ce titre sous le nom de *hezzab*.

Au signal donné par l'*imam*, les soixante récitateurs

commencent à pleurnicher leur section coranique. De cette manière, le texte n'a plus aucune suite, on en récite la fin en même temps que le commencement, mais qu'importe ! les fidèles ne le comprendraient pas davantage s'il était lu doucement. Pourtant, n'est-il pas bien instructif de voir comme on jette le livre sacré par-dessus bord, tout en se mettant d'accord avec le dogme qui prescrit d'en faire la lecture ?

Avant de commencer à prier, il est une formalité que le musulman doit accomplir : c'est celle des ablutions. A cet effet, chaque mosquée possède, autant que possible, au milieu de sa cour intérieure, un bassin où les fidèles vont puiser de l'eau pour se frictionner les extrémités. Le croyant ne peut faire ses oraisons s'il n'a purifié à la fois son corps et ses vêtements. Lorsqu'il n'y a pas d'eau, la religion autorise l'emploi du sable, dont font usage les Arabes du désert. Ils ne sont pas les seuls, toutefois; bien souvent, dans les régions riches en sources et en ruisseaux, on n'hésite pas à abuser de la dispense pour éviter la sensation pénible que cause l'eau froide. On suppose alors qu'elle manque et l'on remplace mentalement l'eau, absente par hypothèse, par du sable qui fait également défaut ; ce sable est alors suppléé réellement par une pierre sur laquelle on frotte ses mains pour se les passer ensuite sur la tête, le cou, le visage, les bras et, en général, les parties du corps qui ont besoin d'être purifiées. C'est ainsi que l'on voit, sur les nattes des mosquées, des pierres qui ont déja servi à des milliers de musulmans et qui seront utilisées encore par un nombre infini de fidèles obligés de préluder à leur prière par ces frictions prétendues antiseptiques. Sans doute cet escamotage des ablutions ne se fait pas sans motif apparent : on prend prétexe d'une maladie, d'une faiblesse de complexion parfois imaginaires ; mais, bien souvent, ceux qui s'exemptent des pratiques austères sont ceux qui paraissent le moins dignes d'excuse.

Aussi bien, il faut ajouter, à l'éloge de Mahomet, que tout musulman a été laissé libre d'exercer sa religion comme il l'entend. Il doit, en tous points, se conformer à la volonté divine exprimée par les prescriptions coraniques et s'abstenir de manger pendant le jour, durant le mois de ramadan, mais en dehors de ces limites, il n'a pas besoin des conseils d'autrui ; s'il a failli, Allah jugera seul sa conduite et sera seul à le condamner ou à l'absoudre. « Pas de clergé dans l'Islamisme » telle a été l'une des premières règles de Mahomet. Et ceux qui ont embrassé sa religion n'ayant pas à compter sur un directeur sont bien obligés, pour régler leur conduite, de faire appel à leur propre conscience. Il y a plus : les âmes naïves s'accoutument vite à adorer les statues et les emblêmes symboliques uniquement destinés, dans le principe à aider les imaginations paresseuses dans leur vol vers l'idéal. Pour éviter ces tendances à l'idolâtrie, Mahomet a prohibé d'une manière absolue la représentation de tout être vivant ; aussi ne trouve-t-on, dans les mosquées aussi bien que dans les appartements des fidèles, que des arabesques, c'est-à-dire des enchevêtrements très gracieux de lignes géométriques, de fleurs élégantes et d'écriture ornementale ; à partir du jour où Mahomet entrant dans la Caaba, le sanctuaire vénéré de la Mekke, brisa toutes les idoles qu'elle contenait, ce fut fait du fétichisme pour les adeptes du Coran.

Quant au clergé, la réussite fut moins complète. A la vérité le prophète, en interdisant la formation d'un tel ordre, laissa l'exercice du culte aux mains des fidèles : à la mosquée, les musulmans prient, mais, à proprement parler, il n'y a pas d'office. Chaque vendredi on récite le Coran, comme je l'ai exposé, en grande hâte ; pour compléter la cérémonie, un croyant monte sur une chaire qui forme, avec les lampes et les nattes ou les tapis, tout le mobilier de la mosquée. Du haut de cette tribune, ce musulman, désigné seulement par son éloquence au choix de ses coréligionnaires, exhorte les assistants au maintien des traditions islamiques ; il dirige, d'ailleurs, son sermon à son gré en restant tenu toutefois d'appeler les bénédictions divines sur le souverain musulman régnant. C'est là, pour les sultans, un privilège qui, avec le droit de battre monnaie à leur chiffre (car il n'y a pas d'effigie), constitue l'apanage du pouvoir royal. Il semble donc, tout compte fait, que la religion mahométane a réalisé l'idéal d'un culte, en donnant au croyant la faculté de se mettre directement en rapport avec la divinité, à toute heure et en tous lieux. Remarquez, je vous prie, que je n'agite pas ici la question de savoir si les religions sont une bonne ou une mauvaise chose : c'est là, pour chacun, une affaire de statut personnel et je n'ai point l'intention d'empiéter sur les droits de la conscience d'autrui. Je dis seulement que tous les gens religieux mais libéraux que j'ai pu consulter m'ont toujours avoué que le suprême bonheur consistait pour eux dans la communication directe avec Dieu, sans l'intermédiaire d'un ministre du culte, sans l'obligation morale de prier en un lieu consacré. A cet égard, la religion musulmane a franchi un grand pas dans le sens de la liberté; étant la dernière venue, elle a su éviter quelques-unes des fautes et des erreurs de celles qui l'avaient précédée et, si voulez bien comparer à la religion de Mahomet toutes les religions de l'antiquité, vous pourrez vous convaincre que la maxime dogmatique « pas de clergé dans l'islamisme » consacrait, dans l'histoire des cultes, une véritable révolution.

Cette révolution a-t-elle produit tous les fruits que promettaient ses fleurs. En aucune façon. N'ayant pas de clergé régulier, les Arabes se sont avisés de se donner des marabouts. Le marabout (en arabe : *mrabot*) est un fidèle d'une piété remarquable, à qui la confiance publique attribue une grande influence auprès d'Allah et qui, en échange de la vénération qu'on lui témoigne, vend ses prières à ses admirateurs. A ces fonctions de médiateur rétribué il joint le plus souvent celles de *mderres* ou instituteur, et nous avons vu, à propos des écoles indigènes, jusqu'où vont ses connaissances pédagogiques. L'enseignement qu'il distribue à ses élèves lui attire, de la part des parents, de nombreux cadeaux. A tous ces bénéfices vient se joindre le produit d'un commerce très actif, celui des amulettes. Les musulmans portent volontiers au cou et quelquefois au poignet de petites boîtes en argent, en fer-blanc ou en cuir contenant des versets du Coran ou des signes cabalistiques copiés dans les traités de sorcellerie venus du Maroc : ils se croient ainsi préservés de toutes les maladies et de tous les dangers auxquels Allah n'a pas décidé irrévocablement qu'ils doivent succomber. Les chevaux jouissent du même bénéfice lorsqu'ils portent sur eux certain verset qui semble avoir été révélé spécialement à leur intention

Naturellement, le cours des amulettes de tel ou tel marabout varie en raison de l'efficacité des produits précédemment sortis de son officine. Un interprète de l'armée d'Afrique s'était fait jadis une réputation de marabout qui lui procurait d'assez jolis revenus : il guérissait les Arabes de l'impuissance et de l'anaphrodisie au moyen de talismans sur lesquels s'étalait un verset du Coran. Le malade n'avait qu'à laisser tremper pendant quelque temps le papier dans un verre d'eau et à avaler ensuite le liquide ainsi préparé. Les Arabes attribuaient les cures merveilleuses dont ils étaient l'objet à l'heureux choix du verset coranique employé et au crédit dont l'interprète jouissait auprès d'Allah. Ils ne se doutaient guère de la simplicité du remède : le papier, avant de recevoir l'inscription mystérieuse, avait séjourné dans une infusion concentrée de mouches cantharides.

Ces attributions multiples ne suffisent pas à l'activité et surtout à la cupidité dévorante des marabouts ; le plus grand nombre d'entre eux y joint l'exercice de la médecine. Cette belle science a été autrefois fort cultivée chez les Arabes, qui ont compté parmi les plus fervents disciples d'Hippocrate et de Galien. Il suffit de rappeler que les ouvrages d'Avicenne, traduits en latin, ont longtemps servi de guide à nos aïeux dans l'art de la médecine et, jusqu'au XVIIe siècle, formé la base de l'enseignement à la faculté de Montpellier. Aujourd'hui, la science médicale a été notablement simplifiée : c'est ainsi que les Arabes modernes entendent le progrès. Oui, mes FF.·., la guérison de l'homme est devenue chose si aisée que je vais, en quelques minutes, vous rendre aussi savants sur ce chapitre que le premier des marabouts.

Toutes les maladies (les blessures exceptées, bien entendu) peuvent se ranger en trois catégories : celles qui se manifestent par une inflammation ; celles qui produisent un écoulement non précédé de tumeur ; enfin celles qui ne sont accompagnées d'aucun symptôme de nature éruptive, comme les maladies nerveuses, par exemple. C'est fort peu compliqué et les limites de ces groupes pathologiques sont, il me semble, suffisamment larges. Passons à la thérapeutique.

Les maladies du premier genre, celles qui se manifestent par une inflammation, sont toutes considérées comme provenant du sang. Le médecin-marabout consulté en pareil cas s'écrie sentencieusement *Eddem* (c'est le sang !) et chacun se déclare satisfait d'une telle explication. Le traitement consiste à appliquer des topiques plus ou moins extravagants composés d'extraits de plantes, de beurre fondu, de beurre frais, de beurre salé, d'huile froide ou chaude, de vinaigre, de sucre, d'oignons pilés, d'ail, de piments, et vous voyez par cette énumération que l'officine de l'apothicaire se confond avec le garde-manger.

S'agit-il maintenant d'une de ces maladies du deuxième groupe que caractérise un écoulement non précédé de tumeur (comme le rhume de cerveau, les écoulements des fosses nasales et du conduit auditif, la blépharite, les diverses conjonctivites et certaines indispositions dites spéciales) Tout cela, ne vous en déplaise, a une seule et même cause : le vent (*errih*) ! Oui, tout ce que renferme cette catégorie n'est que la suite d'un coup d'air, et les principes d'une allopathie bien entendue commandent naturellement de combattre le mal par une accumulation de lainages et de cotonnades sur le corps du patient. Un remède fort employé contre le rhume de cerveau consiste à respirer les vapeurs du vinaigre que l'on verse sur une brique fortement chauffée. Le traitement interne comprend l'absorption de sucre, de miel, d'eau pure ou mélangée de vinaigre, de lait, de beurre, d'œufs battus, de petit lait ; on donne donc à l'intérieur à peu près les mêmes médicaments que l'on administrait à l'extérieur dans les maladies du premier groupe.

Enfin nous arrivons aux maladies du troisième genre, à celles qui ne sont accompagnées d'aucune éruption, d'aucun écoulement. La cause de celles-là est invariablement Dieu (*rebbi*). Ici les médecins-marabouts trouvent tout indiqué l'emploi des amulettes préservatrices qu'ils ont eux-mêmes composées en y copiant des versets du Coran. Il y a évidemment une contradiction puérile dans la confiance de ces hommes qui croient au fatalisme et qui s'imaginent néanmoins pouvoir changer les volontés de leur Dieu parce qu'ils vont lui représenter quelques sourates qu'il a dictées lui-même à Mahomet il y a douze siècles et qui n'ont, en conséquence, rien de bien nouveau pour lui.

Il est pourtant des marabouts qui, pour des motifs divers, se dispensent d'exercer la médecine : ceux-là forment alors des élèves qui vont porter au loin les bienfaits de leur science. Que dis-je de leur science! non, ce n'est pas la science qui guérit, c'est Dieu. Les enseignes des apothicaires indigènes, adoptées également par certains pharmaciens français en Algérie, sont là pour en témoigner : « Ici l'on vend des remèdes et c'est Dieu qui guérit toutes les maladies ». Il est donc bien entendu que c'est Dieu qui guérit et que, si le marabout paraît faire des cures, c'est uniquement parce qu'Allah favorise les actions d'un homme qui lui est particulièrement cher. Aussi, pour former un élève, le marabout n'a qu'à transmettre, avec sa science peu compliquée, une partie de sa sainte influence : il y arrive en crachant dans la main de son apprenti. Tout ce qui sort du marabout est sacré, jusqu'aux sécrétions de ses glandes salivaires, et vous ne vous étonnerez pas, si jamais vous rencontrez un de ces médecins ambulants, de l'entendre proclamer avec orgueil : « Le marabout un tel m'a craché dans la main ! ».

Ainsi, la religion, dans ce qu'elle a de plus superstitieux, occupe toute la vie du musulman ; à ses derniers moments, il doit montrer le Ciel avec l'index de la main droite et redire encore la formule qu'il a répétée à tous les instants de son existence : « Il n'y a de Dieu qu'Allah et Mahomet est son prophète. »

Il ne faut pas nous le dissimuler, la ténacité de ces croyances nous empêchera longtemps encore de considérer l'Algérie comme définitivement pacifiée. Pour les Arabes, nous sommes des infidèles ou, comme ils disent encore, des *chiens*. Quelques personnes qui passent pour connaître l'Algérie se plaisent à répéter que toutes les difficultés seraient aplanies si l'on conférait aux Arabes la qualité de citoyens français. Mon opinion est tout opposée ; j'estime que nous risquerions ainsi de mettre le feu aux poudres. Des Arabes avec lesquels j'étais assez lié pour obtenir d'eux des aveux faits en toute franchise, m'ont affirmé qu'ils ne voudraient à aucun prix devenir Français comme les Juifs le sont devenus en 1870 par le décret Crémieux. Nous qui nous dégageons de tout préjugé, nous apprécions à sa valeur une telle manière de voir ; mais, quand il s'agit de prendre une mesure aussi sérieuse, il faut tenir quelque compte des sentiments de tout un peuple à qui on prétend l'appliquer. Pour résumer cet entretien, nous pourrons dire, je crois, que les mœurs des indigènes algériens, si différentes des nôtres, resteront probablement longtemps encore ce qu'elles sont. La race arabe joint à de graves défauts et à des traditions surannées des qualités brillantes et des croyances très élevées ; elle a, par-dessus tout, le sentiment de la justice et l'amour de l'égalité. On trouve, en somme, chez les Arabes, des natures d'élite, des esprits largement ouverts à toutes les idées de progrès ; pour les gagner, il nous faut user de la langue arabe ; il faut obliger nos fonctionnaires de tous ordres et de tous grades à la manier avec aisance, il faut en favoriser l'enseignement par tous les moyens. Les Algériens ont fort peu d'intérêt à venir à nous et à apprendre le français ; nous en avons davantage à nous les attirer ; à nous donc de nous instruire dans leur langue. Si nous entendons ainsi notre rôle d'une façon vraiment maçonnique, si nous comprenons qu'il importe de perfectionner et non de détruire, nous amènerons peu à peu les indigènes algériens à notre civilisation. Instruisons les Arabes par la fréquentation journalière plutôt que par quelques mois de présence sur les bancs d'une école française et nous pourrons ainsi leur donner dans leur maturité des idées qu'ils n'auraient pu saisir dans leur jeune âge. Par un tel procédé, nous aurons bientôt gagné à notre cause assez d'indigènes pour assurer le progrès de nos théories sociales parmi ce peuple, l'un des plus merveilleusement préparés, peut-être, à nos idées démocratiques et républicaines.

Paris. — Imp. du F∴ A. Pichon, 21, boulevard de Sébastopol.

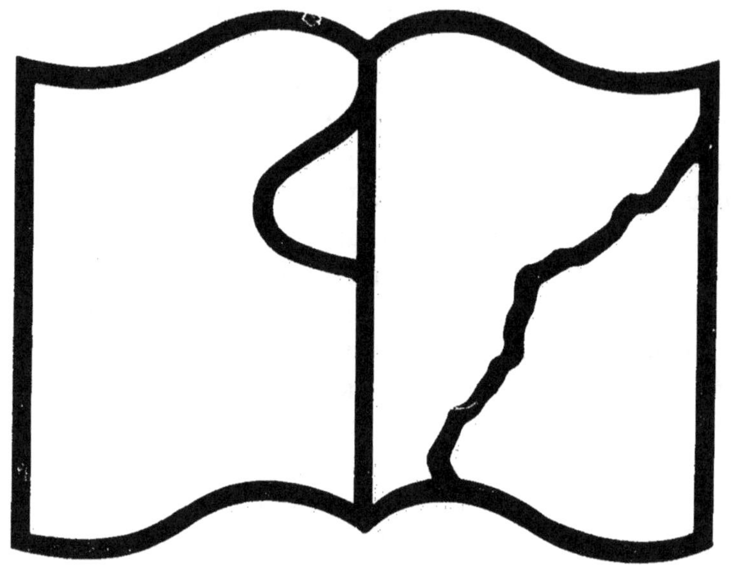

Texte détérioré — reliure défectueuse

NF Z 43-120-11

Contraste insuffisant

NF Z 43-120-14

www.ingramcontent.com/pod-product-compliance
Lightning Source LLC
LaVergne TN
LVHW020510230826
846091LV00008BA/3438

* 9 7 8 2 0 1 1 9 4 1 2 7 5 *